DOÑA
SABELLE II

DE BOURBON

REINE D'ESPAGNE.

PARIS

DIDIER, LIBRAIRE-ÉDITEUR,

35, QUAI DES AUGUSTINS.

1854

DOÑA ISABELLE II

DE BOURBON

REINE D'ESPAGNE.

PARIS

DIDIER, LIBRAIRE-ÉDITEUR,

35, QUAI DES AUGUSTINS.

——

1851

PARIS.—IMPRIMÉ CHEZ BONAVENTURE ET DUCESSOIS,
55, quai des Augustins, 55.

DOÑA
ISABELLE II

REINE D'ESPAGNE

I

C'est toujours un grand événement dans une
monarchie que la naissance d'un héritier du trône : il est pourtant des circonstances suprêmes où de
tels événements remuent bien plus profondément
encore que d'habitude toutes les fibres de l'intérêt
public. On dirait que les masses, pareilles à ces
oiseaux voyageurs dont l'instinct prévoit l'approche des orages, ont de même le pressentiment
sûr et comme une prescience des révolutions
prêtes à s'accomplir et planant déjà suspendues
par l'esprit de Dieu entre le ciel et la terre. L'at-

tente est en quelque sorte universelle : on ne se rend pas compte assurément de ce qui doit advenir; mais on sent, mais on voit plutôt avec les yeux de l'âme, qu'il adviendra quelque grand changement dans les destinées du pays. Peut-être ce phénomène, dont la science physiologique s'est souvent préoccupée, a-t-il une explication purement humaine. Alors que tout le monde *attend*, ne serait-ce pas que tout le monde *désire ?* et lorsqu'un désir est universel, qu'y a-t-il de surprenant à ce que bientôt il devienne un fait accompli?

Telle était la situation de l'Espagne lors de la naissance de sa souveraine actuelle, dona Isabelle II de Bourbon. Le 10 octobre 1830, lorsque le bruit du canon et un grand drapeau blanc hissé sur le beau palais de Madrid annoncèrent à la population haletante, accourue en foule de tous les quartiers de la ville, que le trône de Ferdinand VII avait une héritière directe, tous les cœurs furent en émoi. Dans les endroits hors la vue du château, l'angoisse était inexprimable. On retenait son haleine pour mieux compter les coups de canon, dont le nombre devait indiquer le sexe du royal enfant, attendu par les uns comme la lueur d'un phare dans une nuit de tempête, redouté par les autres comme un signe de deuil. Il en fut bientôt de même dans tout le royaume : pas un Espagnol ne reçut avec indifférence *la grande nouvelle* : chacun sentait qu'on était à la veille d'une de ces fortes secousses dont il n'est pas donné à la sagesse humaine de calculer la portée ni d'apprécier les suites. Combien d'espérances déçues dans ce jour à jamais mémorable ! Combien de cœurs, au contraire, ouverts alors à la joie après tant d'années de sombres préoccupations sur l'avenir du pays !

Il faut remonter à l'époque où la naissance de la Reine eut lieu, pour se rendre compte des transports en sens contraire que cet événement éveilla chez les Espagnols. Pour un grand nombre c'était, en quelque sorte, une question personnelle de vie ou de mort : c'était, en outre, pour tous une question de guerre civile. Voici pourquoi. Le lit royal étant resté stérile depuis vingt ans passés, on s'était tout naturellement habitué à considérer l'infant don Carlos, frère puîné du Roi, comme l'héritier du trône. On prêtait à ce prince

une grande piété, des mœurs sévères, un caractère
honorable, et certes cette fois l'éloge n'était pas
de la flatterie. Don Carlos, par ses qualités personnelles, méritait bien l'estime publique : mais
son entourage était déplorable. C'est ce qui le
perdit. Son parti, car depuis longtemps il en avait
un, et ce parti n'était que trop puissant, se com-
posait alors principalement d'une grande partie du
clergé séculier, de presque tout le clergé régulier,
des nombreuses milices connues sous le nom de
volontaires royalistes, et d'un grand nombre de
hauts fonctionnaires. C'était là, pourrait-on dire,
le noyau de son armée : à ce noyau venaient se
joindre, ainsi qu'il arrive dans toutes les grandes
scissions nationales, mille éléments divers. Tout
ce qu'il y avait de gens attachés par ignorance,
par fanatisme, ou par intérêt aux vieilles routines, aux abus, aux priviléges séculaires; tout
ce que l'Espagne, alors si arriérée dans le chemin
de la civilisation, comptait dans son sein d'en-
nemis des réformes, faisait des vœux ardents pour
l'élévation au trône d'un prince dont la dévo-
tion outrée, jointe à un éloignement profond

pour les idées nouvelles, n'était déjà que trop connue. On se rappelait les tentatives faites en 1826 et 1827, dans les provinces de Guadalajara et de Catalogne, pour substituer violemment au système politique, déjà passablement sévère, de Ferdinand le despotisme bien plus dur que rêvaient les farouches partisans de don Carlos, ralliés sous le nom de *parti apostolique*. On s'effrayait de penser à ce que deviendrait le pays tombé aux mains des hommes pour qui Calomarde lui-même semblait parfois trop libéral !..

Mais ce qui ajoutait encore à ces éléments de guerre civile, pour le cas prévu où le roi viendrait à mourir avant la majorité du prince ou de la princesse des Asturies, c'était la malheureuse complication dont cette guerre elle-même était menacée par suite des jalouses méfiances des trois provinces basques et de la Navarre contre toute tentative de réforme politique. Ces provinces, passionnément attachées à leurs vieilles coutumes, dont elles soupçonnaient avec raison les idées libérales d'être les ennemies jurées, menaçaient de se soulever au cri de *Vivent les fueros!* aussitôt qu'un prétendant

quelconque viendrait leur garantir, par la conser-
vation du *statu quo* politique, celle de leurs priviléges bien-aimés. Or, c'était précisément ce *statu
quo* que haïssait la plus grande partie de la nation,
ou du moins la plus éclairée. Du moment donc
qu'une guerre dynastique viendrait à être allumée,
ces provinces se trouvaient être nécessairement
les auxiliaires naturelles et pour ainsi dire forcées
de ce prétendant. Aussi devinrent-elles dans la
suite les soutiens les plus fermes de la cause de
don Carlos, non par attachement à sa personne,
encore moins à sa prétendue légitimité, mais par
amour pour leurs *fueros*.

II

La naissance d'un prince pouvait seule, légale-
ment, éloigner les chances d'une guerre civile;
mais dans le fait les gens les moins clairvoyants
se disaient avec effroi que, fût-ce un prince, fût-
ce une princesse qui vînt à naître, toujours une
guerre civile deviendrait inévitable. On rendait
justice à la loyauté personnelle de don Carlos : on

le savait incapable de contester les droits d'un
prince des Asturies comme jamais il n'avait con-
testé ceux de son frère aîné ; mais on connaissait
l'impatience de ses partisans. Ils se seraient soule-
vés sans lui, malgré lui, peut-être même contre
lui. La succession du trône étant échue à une
femme, il était de toute évidence que la question
dynastique ne pouvait être vidée autrement que
par le sort des batailles. Personne n'ignorait que,
d'après les lois espagnoles, les filles de rois se trou-
vent appelées de temps immémorial à régner en
l'absence des mâles ; néanmoins personne ne dou-
tait que, le cas échéant, on ne manquerait certai-
nement pas d'invoquer, contre une princesse héritière, la loi de Philippe V faite aux cortès de 1713,
sans tenir compte des actes postérieurs, tout aussi
valides, par lesquels la loi salique avait été abolie
en Espagne. Il ne fallait qu'un prétexte, et on en
trouvait là un tout prêt.

Don Carlos fut peut-être le seul à accueillir
de bonne foi ce prétexte comme une excellente
raison. Son intérêt de prince et de père fit tra-
hison cette fois à sa droiture d'honnête homme,

comme à ses sentiments de bon parent et de bon
chrétien. Il conspira et se fit jeter, par le roi son
frère, dans une sorte d'exil honorable en Portugal.
L'infante Isabelle ayant reçu le serment de fidélité
comme princesse des Asturies, le 20 juin 1833, au
monastère royal de Saint-Jérôme, son oncle don
Carlos, se trouvant alors à Santarem, protesta de
la nullité de cet acte, comme portant atteinte à ses
droits et à ceux de ses enfants. Dès lors, la froi-
deur qui existait depuis trois ans entre le Roi et
son frère se termina par une brusque rupture.

Deux bannières se trouvaient donc en présence
l'une de l'autre, même avant la mort de Ferdinand VII ; or cette mort étant dès lors imminente,
quoi de plus naturel que les efforts désespérés des
deux partis, pour s'assurer d'avance la victoire au
jour du combat, que chacun prévoyait devoir être
très-prochain ?

Il faut dire aussi que le dépit des partisans de
don Carlos avait été porté récemment au plus
haut degré d'irritation possible, par suite des ten-
dances réformatrices dont la jeune épouse du Roi
avait donné des preuves lors de son court pas-

sage au gouvernement suprême de l'État, pendant
une grave maladie de Ferdinand. Entre autres
mesures capitales, elle avait rouvert les univer-
sités. C'était un crime de lèse ignorance que le
parti monacal ne pouvait guère pardonner. Les
émigrés lui devaient une amnistie aussi large que
le permettait alors l'état du pays. Sa jeunesse et
sa grâce lui avaient valu de prime abord une
grande popularité ; et cette popularité s'était
augmentée de beaucoup par suite de l'influence
toute favorable aux idées sagement libérales qu'on
lui attribuait sur l'esprit du Roi. Le sentiment
public se trompe rarement : la preuve que cette
influence était positive et puissante ne se fit pas
attendre. Le gouvernement commença à se relâ-
cher de ses anciennes rigueurs, un système de
tolérance succéda à cette époque de proscriptions
et de deuil que les Espagnols ont surnommée la
décade fatale (*la ominosa década*). Aussi, par
une conséquence toute naturelle, la Reine Christine était devenue, de la part des libéraux,
l'objet d'un enthousiasme qui ne connaissait plus
de bornes. On comptait sur elle pour en finir

avec le parti apostolique : on croyait le triomphe assuré ; et certes on l'aurait obtenu sans combat, rien que du temps et de l'influence chaque jour plus grande que les charmes de la Reine et la supériorité de son esprit devaient lui assurer sur un époux au caractère faible, à l'instruction assez bornée, vieilli d'ailleurs avant l'âge. C'est pourquoi on pourrait dire avec justesse que, de tous les malheurs dont l'Espagne a été redevable à Ferdinand VII, le plus grand fut sa mort.

Cet état de choses ne servait qu'à accroître l'impatience et la haine des carlistes : des deux côtés, littéralement parlant, on brûlait d'en venir aux mains. Ferdinand VII se rendait si bien compte de cette situation extrême des partis, qu'il avait, dit-on, l'habitude de répéter à ses moments d'humeur facétieuse, et qu'il redit encore à son lit de mort, ces paroles prophétiques : « L'Espagne est pareille à un flacon de bière « dont je serais le bouchon : une fois le « bouchon sauté, gare l'explosion ! » Jamais métaphore triviale ne fut plus exacte. Le roi

étant mort le 29 septembre de cette même année
1833, il ne se passa, avant que la rébellion armée
éclatât en Biscaye, que le temps strictement nécessaire pour que la nouvelle y parvînt. Elle fut
suivie de près par différents soulèvements dans
trois autres provinces du nord, la Rioja, Alava
et Guipuzcoa, tant les mesures y étaient bien
prises à l'avance pour l'acte de spoliation inique
qu'on méditait contre les deux royales orphelines, frêles roseaux sur lesquels allait reposer
désormais un bien lourd avenir!

III

Fut-ce l'instinct toujours sûr de la tendresse
maternelle, fut-ce la *nécessité*, ainsi qu'on l'a
prétendu depuis afin de se dispenser de toute
reconnaissance envers une idole brisée, fut-ce enfin
l'inspiration d'un esprit éclairé qui lança la reine
Christine dans les bras du parti libéral? Toujours
est-il qu'aussitôt arrivée en Espagne, ainsi que
nous l'avons dit plus haut, son choix fut fait
rapidement, sans hésiter. Ce choix, d'ailleurs, fut

réciproque. Du jour de son entrée à Madrid, elle fut pour les masses, d'instinct, pourrait-on dire, ce qu'elle devint plus tard pendant la guerre de succession, par l'effet d'une affection mutuelle : un signe de ralliement pour les partisans des réformes dans un sens libéral, en même temps que le but avoué des colères et de la haine du vieux parti apostolique. La couleur de la robe qu'elle portait ce jour-là devint elle-même une bannière : le bleu de ciel se nomma désormais *bleu Christine*, et ce fut là la couleur symbolique dont se revêtirent les partisans des idées alors proscrites, c'est-à-dire les adversaires les plus fervents de l'infant don Carlos.

De même, quelques années plus tard, les armées belligérantes étaient divisées en deux camps, les *cristinos* d'un côté, les *carlistes* de l'autre. Ceci fut fait sans convention préalable, par la force naturelle des choses. *Cristino* était devenu synonyme de libéral, et partant l'antithèse de carliste. Or, ce titre, emprunté au nom de la mère, alors régente du royaume, n'était-ce pas comme un gage de dévouement aux intérêts de la

fille? Ainsi s'accomplissait, dès la première enfance
de la reine Isabelle, l'alliance en quelque sorte
providentielle de son propre triomphe à elle et du
triomphe d'une civilisation nouvelle, destinée à
restaurer complétement l'édifice tant soit peu ver-
moulu de la vieille société espagnole. Sous l'égide
puissante de sa mère, son propre sort parvint ainsi
à s'identifier en quelque sorte avec la prospérité
et le bonheur du pays, qu'elle était appelée à gou-
verner même avant l'âge requis par les lois du
royaume.

I V

L'éducation que reçut la jeune Reine fut donc
conforme à ce que nous appellerons encore une
fois la mission providentielle dont elle semblait être
investie, dès le moment où Dieu l'avait fait naître
pour l'opposer dans l'ordre politique et social
au représentant, en Espagne, des idées et des
sentiments du moyen âge. Car tel était à bien dire
l'infant don Carlos : tel on l'avait vu à la cour du
roi son frère, tel il fut à sa cour errante d'Oñate,

tel il est dans l'exil. C'est là sa force en même temps que sa faiblesse : il est fort parce qu'il est immuable, comme le parti qu'il représente : il est faible parce que l'action lui manque, et qu'il n'y a de force complète que la force agissante.

Les premiers maîtres qu'on donna à la Reine Isabelle, de même qu'à sa jeune sœur, furent des hommes de science connus par leur attachement aux idées libérales. Ses progrès furent rapides, son esprit se développa de bonne heure dans cette brûlante atmosphère qu'une révolution mûrie au feu des combats remplissait de troubles toujours renaissants. C'était tantôt l'émeute des rues qui apportait de loin aux oreilles enfantines de la Reine et de sa sœur ses cris forcenés : c'étaient parfois les élans d'un enthousiasme dont il est aujourd'hui difficile de se faire une idée, qui venaient apprendre aux deux jeunes sœurs, effrayées sans doute de ces démonstrations furieuses, combien l'amour des peuples a souvent de terribles apparences. C'est qu'en effet, à ces acclamations dont elles étaient l'objet ou du moins le prétexte, venaient parfois se mêler, tantôt de sombres menaces, tantôt des cris de mort. La révolution demandait chaque jour de nouvelles conquêtes, et pour en obtenir de plus rapides, les malheurs publics lui étaient un prétexte excellent. Chaque revers des armées était signalé par une nouvelle exigence des meneurs : aussi les ministères se succédaient-ils avec une célérité inouïe. Que d'intrigues autour du pouvoir ! mais aussi que de loyauté, que d'héroïsme dans les camps, au milieu des plus rudes privations ! que de dévouement dans les masses ! On avait alors sous les yeux, à la fois, les plus nobles exemples et les spectacles les plus hideux. On se faisait massacrer plutôt que de prêter le moindre secours aux rebelles, et aussi, hélas ! on assassinait lâchement dans les cloîtres de Barcelonne et de Madrid, au nom de la liberté, des malheureux sans défense, coupables seulement de porter le nom et l'habit de moine !...

Bien que trop jeune à cette époque pour méditer sur ces grands enseignements pratiques, la fille de Ferdinand VII dut en être frappée profondément : certes, il ne faut pas croire qu'ils aient été perdus pour elle. On a souvent dit que les impressions premières sont ineffaçables : ajoutons que ce sont elles qui forment ou du moins qui modifient puissamment notre caractère et nos goûts. Or, voici ce que vit la Reine d'Espagne dès qu'elle ouvrit ses yeux au jour de la raison : d'abord, toujours à ses côtés, sa mère, la couvrant de son amour , luttant avec un grand courage et une habileté rare pour lui garder aussi intact que possible l'héritage paternel; puis une multitude d'Espagnols se faisant tuer au cri de : *Vive Isabelle !* avec la joie passionnée des martyrs. Elle vit la plus grande partie de la nation aimant mieux courir les chances d'une guerre désastreuse, que d'abandonner les droits des deux orphelines, contestés par un parent rebelle. Elle se vit l'idole de ses sujets. De là sans doute et cet amour exalté pour *sa mère* que tous les efforts de la calomnie n'ont jamais pu arracher de son cœur, et cet amour tout aussi exalté pour *son pays*, cet *espagnolisme* ardent, qu'on nous permette le mot, dont témoignent ses discours et ses actes dans la vie intime autant que dans les circonstances les plus graves par lesquelles elle a passé comme reine.

Ce fut peut-être cette disposition particulière de
son esprit, autant qu'un penchant du cœur, né
des liens du sang et accru par les nobles qualités
du jeune Infant don François d'Assise, aujourd'hui
son royal époux, qui décida, en 1846, son choix
en faveur de ce prince. On sait sur quels puissants
appuis comptaient alors, auprès de Sa Majesté, les
différents prétendants étrangers de Naples, de
France et d'Allemagne : pourtant rien ne put
prévaloir sur la volonté bien arrêtée de la reine
de ne jamais partager son trône avec un étranger.
Ce que nous disons là n'est certes qu'une conjec-
ture : elle est cependant fondée sur les ten-
dances éminemment patriotiques du caractère de
Sa Majesté : elle se lie encore à la marche générale imprimée par la reine Isabelle à la politique
du cabinet espagnol depuis 1843. On se rappelle
par quelle suite de complications graves les Cortès
se trouvèrent, en novembre de cette même année,
dans la nécessité de la déclarer majeure avant
l'âge. C'était le seul moyen de conjurer les dan-
gers d'une régence devenue impossible par le
mariage de la Reine Mère, et par l'impopu-

larité, alors immense, du maréchal Espartero.

C'est dans les fortes impressions que la Reine dut recevoir, dès ses plus jeunes années, ainsi que nous l'avons dit, qu'il faut chercher les racines des sentiments et du caractère que plus tard elle a développés sur le trône. En voici encore, ce nous semble, une nouvelle preuve : on prétend, et nous le croyons sans peine, que la reine Isabelle est fort jalouse de son autorité royale. Ne serait-ce pas là un *fait* dont on pourrait trouver l'explication bien naturelle dans son enfance, bercée par l'ouragan des passions révolutionnaires ? Lorsqu'on a vu son héritage sérieusement menacé ; lorsqu'on s'est senti longtemps près de se voir ravir un bien qu'on possède par droit légitime, il est tout simple qu'on y tienne avec une force bien plus grande que lorsqu'on n'a jamais connu le danger d'en être privé. Pendant la guerre dynastique, d'abord, puis sous la régence du maréchal Espartero, si remplie de troubles, établie sous des auspices si peu rassurants, inaugurée par une révolte militaire, signalée par l'exil de la Reine Mère et par la spoliation violente de ses droits de régente du royaume et de tutrice de ses enfants ; en un mot, pendant toute la minorité de la Reine, la sécurité, le calme n'ont jamais été le partage de cette auguste princesse. Aussi est-elle bien surnommée, dans le langage héraldique du blason nouveau, *Isabelle la Contrariée*. Qu'y aurait-il d'étonnant à ce que toutes ces circonstances, suspectes pour le moins, eussent éveillé de bonne heure dans son âme une invincible méfiance des ambitions outrées, jointe à un surcroît d'attachement à l'autorité qu'elle tient, comme son aïeul Henri IV, du droit que donne la victoire et du droit de la naissance ?

Voilà donc expliqués sans effort, ce nous semble, les deux traits les plus saillants de la physionomie pour ainsi dire officielle de la reine d'Espagne : voilà pourquoi elle est *très-espagnole*, comme elle se plaît elle-même à le répéter aux personnes qu'elle honore de sa confiance ; voilà encore pourquoi elle est très-jalouse de son autorité royale. C'est encore une qualité ou un défaut dont elle ne se cache pas davantage que de son patriotisme exalté. Pour notre part, nous ne saurions l'en blâmer,

car ces deux traits-là vont bien à une Reine d'Espagne.

V

La biographie des souverains n'est plus, comme
autrefois, l'histoire des peuples. Les nations ont
aujourd'hui leur vie à elles, indépendante des
qualités personnelles de chaque roi ; néanmoins, ces
qualités réagissent tellement sur la marche naturelle des événements publics, qu'on ne saurait les en
isoler tout à fait dans l'appréciation raisonnée de ces
événements eux-mêmes. Chaque période historique
est plus ou moins marquée au coin du caractère
personnel de celui qui y tient le premier rang,
soit avec un sceptre absolu, soit sur un trône
entouré d'institutions modératrices de l'autorité
souveraine. Et comment pourrait-il en être autrement ? Ces froides idoles couronnées, dépourvues
de qualités et de défauts, voire même de volonté
et de passions, pareilles à des astres éteints rou-
lant dans le vide, ces monarques automatiques que
le plus grand capitaine des temps modernes dési-

gnait, dit-on, par un mot énergique mais plein
de vérité, cette belle invention, en un mot, des rois
ne faisant absolument que végéter, bien que prônée
depuis bientôt deux siècles par le vieux libéralisme
comme le dernier terme de la sagesse politique,
n'en est et n'en sera pas moins toujours qu'un
beau rêve enfanté par le désir du bien, oubliant
ou méconnaissant étrangement les éternelles con-
ditions de la nature humaine.

Jamais on n'a mis en doute la bonté foncière
du caractère de la Reine d'Espagne, sa douceur
même, portée à ce point qu'elle n'a jamais pu faire
verser une larme. Chaque refus qu'elle est obligée
de prononcer est pour elle la source d'un grand
chagrin. Pourtant, il est à remarquer que pas un
de ses nombreux ministères n'a exercé sur elle cet
ascendant exclusif, cette sorte de domination
morale dont on trouve de si affligeants spectacles
dans l'histoire des princes de sa race. Toujours
reine avant tout, lorsqu'elle a cru le bien public
ou sa dignité personnelle intéressés à un changement de cabinet, elle n'a jamais hésité à faire taire
ses penchants et à se donner de nouveaux conseil-

lers. La seule influence permanente qu'on lui ait toujours attribuée, est celle de son auguste mère. Il n'en est certes pas de plus naturelle ni de plus légitime. Le Roi, lui-même, dont mieux que personne elle est à même d'apprécier les rares qualités de cœur et d'esprit, est loin de la dominer dans l'exercice de ses fonctions royales.

Un sens très-droit, un ardent amour du bien, une générosité portée parfois jusqu'à l'excès, sont des qualités qu'on ne saurait refuser à la Reine d'Espagne. La calomnie si acharnée après elle, ne trouvant pas à mordre dans sa vie publique, s'est attachée comme un serpent à sa vie privée. Qu'il nous soit permis de faire à ce sujet un raisonnement bien simple : dans la croisade démagogique contre les trônes dont une partie de la presse européenne nous fournit depuis quelque temps le déplorable spectacle, le trône espagnol a eu sa part d'affronts et d'injures à essuyer; mais, chose singulière, dans ces lâches attaques, la *reine* a toujours été épargnée; on s'est contenté d'essayer, à son égard, mais envain, de noircir la *femme*. N'est-ce pas assez prouver combien la malveillance aux abois, forcée de fournir sa pâture de scandale et de venin aux passions mauvaises, s'est trouvée impuissante à remplir sa tâche envers cette noble princesse ? Aussi en a-t-on dit ce que, dans aucun cas, des écrivains honnêtes n'auraient dû jamais dire; car pour les rois, de même que pour les sujets, le foyer domestique est un sanctuaire où personne n'a le droit, ni même la puissance de porter sans honte un regard indiscret. Déchirer la vie privée d'un roi, c'est prouver qu'on n'a rien à déchirer dans sa vie publique, offerte à tous les yeux. C'est tout à la fois un aveu de méchanceté, de haine et d'impuissance.

Nous avons hâte de quitter ce terrain fangeux, où la nécessité bien triste de repousser des traits infâmes nous a forcés pour un moment de mettre le pied. Lorsqu'on rencontre une vipère sur son chemin, il faut bien surmonter son dégoût pour lui écraser la tête. Sortons donc de là au plus vite et respirons à l'aise l'air pur de la justice et de la vérité.

V I

Le temps n'est pas venu de porter un jugement assuré sur la princesse bien jeune encore qui porte dans ses mains le sceptre de saint Ferdinand et d'Isabelle la Catholique. C'est aux publicistes futurs à remplir cette tâche, que des publicistes contemporains ne sauraient, ne pourraient même pas accepter. Il faut être placé à une certaine distance pour bien voir. Esquissons pourtant encore quelques traits de cette jeune physionomie royale, telle que nous l'avons vue, et que chacun a pu la voir comme nous. Il ne s'agit pas ici d'un portrait de fantaisie; nous n'allons pas inventer, supposer des qualités brillantes pour en parer notre ouvrage : c'est d'après nature ou d'après des renseignements que nous avons tout lieu de croire exacts, que nous allons dessiner, bien que d'un crayon nécessairement très-rapide. Disons encore ce que, de même, *au vu et au su de tout le monde* (qu'on nous passe cette expression vulgaire, car elle exprime parfaitement notre pensée), le pays a dû déjà de progrès matériels à ce règne dont on a dit tant de mal, faute de réfléchir, comme on aurait dû le faire, à tout ce qu'il a trouvé d'obstacles à vaincre et de périls à surmonter. Nous reviendrons là-dessus.

VII

La Reine dona Isabelle II, grande, forte et belle, porte sur son visage et sur toute sa personne l'empreinte des qualités que nous avons déja signalées chez elle. Dans son regard, tout à la fois doux et perçant, il est aisé de reconnaître à quel point elle est douée de cette faculté innée, dit-on, dans sa famille, de bien juger les visages à travers toute sorte de masques. Quelque chose de décidé dans son port et dans sa démarche témoigne chez elle de ce haut sentiment de sa dignité royale, ou plutôt, de ce vif amour du pouvoir souverain que nous lui avons déjà attribué comme une suite nécessaire des cirçonstances par où sa vie a passé à travers tant d'orages. C'est d'ailleurs, dans l'intimité de la vie familière, une aimable et charmante femme, faite pour briller dans un salon autant que sur un trône. Elle parle couramment différentes langues étrangères, elle joue du piano et de la harpe. Elle chante d'une belle voix de mezzo - soprano , elle peint d'une manière distinguée. Agile aux exercices du corps, malgré un embonpoint précoce et héréditaire, hardie, intrépide même au besoin, elle sait manier avec grâce un cheval fougueux. Elle excelle à la danse , sa passion favorite de jeune femme, qu'elle a sacrifiée depuis à ses nouveaux devoirs de jeune mère. Ces devoirs, elle les remplit, dit-on, avec la tendresse la plus exaltée comme la plus assidue. On connaît la finesse de ses reparties, l'esprit charmant de sa conversation ; il est pourtant à remarquer qu'elle déteste au plus haut point la moquerie. Le dédain, le sarcasme lui sont particulièrement désagréables. Jamais elle n'a fait un affront à qui que ce soit. Dans son intérieur, jamais elle ne demande un service sans ajouter quelque mot d'excuse , quelque parole gracieuse, comme pour enlever à sa demande les apparences d'un ordre. Jamais rien de hautain dans sa voix, ni dans son geste: mais une dignité calme et réfléchie qui impose bien autrement que la brusquerie ou les éclats. Aussi est-elle adorée de sa famille, de ses serviteurs, de toutes les personnes qui ont l'honneur de l'approcher.

Cependant il faut tout dire. Parfois sans le vouloir, sans s'en douter peut-être elle-même, tant la complaisance est grande chez les courtisans, tant la sincérité est rare sous les lambris dorés, elle s'est attiré le reproche de ne pas assez se rappeler cette sage maxime de l'un de ses plus illustres ancêtres : « L'exactitude est la politesse des rois. » C'est à ses grands levers (*besa manos*) ordinairement annoncés pour trois heures de l'après-midi, rarement commencés avant quatre heures, que ce reproche a été le plus souvent formulé, à voix basse et en plusieurs langues, attendu que c'était naturellement le corps diplomatique étranger qui se trouvait le plus froissé de cet oubli regrettable de la seule politesse dont la Reine d'Espagne ne soit pas le modèle.

Nous l'avons déjà dit, et c'est un fait que des milliers de témoins pourraient attester au besoin : jamais un malheureux ne s'est approché de la Reine

Isabelle sans emporter un secours ou une consola-
tion. Sa bonté sur ce point va parfois jusqu'à
la faiblesse : elle embarrasse souvent ses ministres. Sa générosité, l'une des grandes vertus des
rois, est poussée au delà de toutes les bornes :
c'est là le grand souci, le cauchemar perpétuel
des intendants de sa maison. C'est d'ailleurs chez
elle un mouvement irréfléchi, un élan du cœur
plus fort que sa volonté. Sa générosité coule de
source. Elle aime à donner, comme d'autres aiment
à prendre. Toute enfant, encore elle se dépouilla
un jour de ses souliers pour en faire aumône à une
petite mendiante qui courait pieds nus auprès de
sa voiture. Avant qu'on eût eu le temps de l'en
empêcher, elle les lui jeta par la portière. Depuis
qu'elle règne et gouverne, la liste civile, les reve-
nus immenses de son domaine suffisent à peine à
ses largesses toujours renaissantes. Ajoutons que
la charité y tient la part la plus large. Elle pro-
tége les lettres, elle encourage les arts en vraie
petite-fille de Charles III. Dans cette belle et
noble tâche, elle est puissamment aidée par le Roi
son époux.

Voici encore un trait bien marquant de son
caractère : la rancune, la haine lui sont absolument inconnues. C'est à ce point qu'on pourrait
dire avec justesse qu'elle ne pardonne pas, car elle
n'a ni le besoin ni l'occasion de pardonner : elle
oublie, ce qui vaut mieux. Nous n'en citerons
qu'une preuve, mais concluante. On se rappelle
l'abominable attentat du curé Merino : jamais
crime plus odieux par son objet, par ses moyens
d'exécution, même par ses circonstances particu-
lières ne fut peut-être enfanté par le démon du
régicide. Sa Majesté, nouvellement relevée de ses
couches, se rendait au temple dans toute la pompe
de la royauté, portant au front sa double couronne
de reine et de mère. Elle allait, fière de ce titre
nouveau, confiante dans l'amour de cette foule
immense qui encombrait sur son passage les gale-
ries du palais, présenter au Seigneur son enfant
bien-aimé : et l'assassin était un prêtre!.... On se
révolte autant à l'idée de ce forfait en lui-même
qu'à celle de ses épouvantables détails. Eh bien !
au moment où elle se sentit blessée, son premier,
son seul cri fut pour sa fille. *Sauvez ma fille!*

s'écria-t-elle d'une voix que la tendresse maternelle faisait seule trembler. Puis, rassurée sur le
sort de cette tête chérie, et alors que sa propre
existence semblait être le plus sérieusement menacée, elle ne cessait de demander aux ministres
grâce pour son assassin. C'est encore un fait que de
nombreuses indiscrétions, inspirées autant qu'ex-
cusées par une admiration bien naturelle à la vue
de tant de clémence et de vrai courage, ont rendu
public en Espagne.

Voyons maintenant, dans un autre ordre d'idées,
un fait nouveau, bien propre à peindre ce qu'il y a
d'élévation et de force dans l'âme de la Reine Isabelle : nous tenons ces détails d'une source dont il
nous est impossible de mettre la véracité en doute.
Le premier enfant de la Reine venait de naître
après un long et pénible accouchement, le 12 juil-
let 1850. On sait que ce prince ne vécut que quelques instants, malgré tous les secours de la science,
malgré toutes les inspirations de l'amour et du
désespoir des parents et des serviteurs éplorés qui
entouraient en ce triste moment le lit de la jeune
mère. Elle s'aperçut bientôt que quelque chose de

douloureux pour son cœur se passait autour d'elle : le danger imminent que courait son fils lui fut révélé d'instinct. Elle espéra cependant tant que quelque lueur d'espoir lui fut permise ; mais lorsque les larmes, les sanglots à peine étouffés de sa mère, de son époux, de ses femmes lui eurent enfin appris le coup affreux dont elle était frappée, on ne put s'empêcher d'être saisi d'une sorte de pieux attendrissement à l'entendre demander d'abord si l'enfant était mort chrétien ; puis, sur une réponse affirmative, lever les yeux au ciel et prononcer lentement ces sublimes paroles du livre de Job : *Dieu me l'avait donné, Dieu me l'enlève. La volonté de Dieu a été faite, que son nom soit béni!* Quinze jours se passèrent sans que la pauvre mère désolée prononçât une seule fois ces mots si doux : *mon enfant!* que sans doute, par un effort héroïque, elle eut le courage de refouler au fond de son cœur.

La flatterie, on ne le sait que trop, a son centre établi et comme sa patrie naturelle dans les palais des rois. Ajoutons que de tout temps les rois d'Espagne n'ont pas été moins poursuivis que leurs autres frères couronnés par ce fléau détestable.

Or, il est encore juste de dire qu'il n'y eut peut-être jamais, parmi les royaux ancêtres de Sa Majesté Catholique la Reine Isabelle, un souverain autour duquel la flatterie se soit parée de formes aussi grandement hyperboliques. Il serait à peu près impossible de rappeler tout ce qui a été dit en vers et en prose dans cette belle langue de Cervantès, assouplie au ton des cours par des panégyristes affamés, à propos des vertus surhumaines de *l'angélique Isabelle*. Or, voici ce qu'elle répondit un jour à quelqu'un qui l'engageait à lire une de ces odes pindariques, où elle était portée, comme de raison, au-dessus du septième ciel : « Non, je ne lirai pas cela : je suis lasse à la fin de me voir si souvent tournée en caricature. » Ces mots sont textuels : nous les tenons de celui même à qui ils furent dits. Il faudrait bien de la malveillance pour n'y pas voir la preuve d'un esprit très-élevé joint à un sens très-droit.

VIII

Nous allons terminer cette esquisse par un
rapide coup d'œil jeté sur l'état actuel de l'Espagne. Voyons d'abord en bloc ce qu'elle était à
la mort du roi Ferdinand. La comparaison ainsi
deviendra plus facile : il sera aisé pour chacun
d'apprécier par là le chemin qui a été fait pendant
ces vingt dernières années, et peut-être n'appren-
dra-t-on pas sans surprise que le règne actuel, tout
jeune qu'il est encore et dont un tiers à peu près
a été rempli par une guerre civile des plus désas-
treuses, se trouve être, somme toute, plus fécond
en progrès et en améliorations de toutes sortes que
les trois règnes comparativement calmes et paisi-
bles qui l'ont précédé. Il est juste, ce nous semble,
d'attribuer au moins une partie de cette gloire à
la Reine Isabelle.

Ce n'est pas, encore une fois, l'histoire de ces
vingt dernières années, encore moins celles du
règne qui les a précédées, que nous nous proposons
d'écrire. Nous voulons seulement en rappeler quel-

ques traits dominants. Voyons donc ce que Ferdinand VII, monarque absolu, légua à sa fille, reine
à l'âge de trois ans.

IX

Le tableau des déplorables erreurs politiques,
financières et administratives dont souffrait l'Espagne sous le dernier règne, a été tracé de main
de maître par un Espagnol éminent, don Xavier de
Burgos, mort en 1848 : nous le trouvons dans un
Mémoire peu connu en France, adressé de Paris,
en janvier 1826, par l'auteur au Roi lui-même, et
imprimé seulement en 1834, à Cadix. Nous aimerions à y renvoyer le lecteur; nous aimerions
encore à en faire un extrait; mais il nous suffira
pour le moment d'en prendre quelques traits
détachés. — M. Burgos y constate : que le pays
gémit sous le poids *d'une horrible misère;* que
le commerce y est à peu près nul, par suite des
entraves fiscales et de police dont son essor semble
avoir été comprimé à plaisir; qu'une absurde
division territoriale rend sa bonne administration à

peu près impossible. L'illustre auteur du Mémoire
en question a le courage d'adresser au Roi ces
paroles sévères : « Pendant les dix-neuf années
« qu'a duré le règne de votre auguste père, l'état
« de la nation s'était empiré considérablement.
« Pendant les dix-huit années du règne de Votre
« Majesté, *il s'est encore empiré, Sire, bien davan-
« tage.* » M. Burgos ne pouvait pas cependant tout
dire au roi Ferdinand : sa noble franchise lui eût
peut-être coûté trop cher. Voici quelques-uns des
grands malheurs publics qu'il eût pu ajouter à
ceux dont il démontre si éloquemment l'existence,
et dont il propose le remède avec tant de sagesse
et de patriotisme.

Une énorme partie de la propriété territoriale
gisait (c'est le mot) entre des mainmortes ; —
le pays manquait de codes appropriés aux besoins
de la civilisation actuelle (qu'il nous suffise de
rappeler que la contrebande des livres était punie
de mort) ; — l'instruction publique n'était plus
qu'un chaos ; — quant au système tributaire, ce
n'était pas même un système, mais un informe
ramassis de vieilles routines, au moyen desquelles

on soutirait bel et bien son argent au pays, mais sans qu'il fût jamais possible de savoir au juste combien le pays avait payé, ce qui ne laissait pas que d'être fort commode pour les percepteurs de cet âge d'or, regretté à si juste titre ! La marine n'existait plus : le ministère même de ce nom avait été supprimé comme un article de luxe. Pour en finir, l'auteur aurait pu dire au Roi que la forme elle-même du gouvernement dont il était le chef absolu, devait être considérée comme un obstacle invincible à toute amélioration radicale, durable surtout. L'absolutisme, comme forme permanente de gouvernement, porte dans son sein des germes de mort. Le bien que fait un monarque absolu, son successeur, absolu comme lui, peut le défaire dans un instant. Le bien, sous de tels gouvernements, est pareil à la toile de Pénélope : toujours il porte en lui-même quelque chose de transitoire qui en détruit ou qui du moins en mine, dans la pratique, les principaux avantages. Par sa nature, il n'est jamais assis sur des bases solides.

X

Aujourd'hui l'Espagne est régie par un gouvernement constitutionnel. Ces paroles en disent
plus à elles seules que des pages entières remplies de
considérations sur les avantages acquis par la
nation sous le règne actuel : son avantage le plus
positif est là : tous les autres en découlent comme
des conséquences naturelles. Aussi l'Espagne a
presque doublé sa richesse par le désamortissement
des propriétés du clergé, par l'abolition de la dîme
et des majorats, par la liberté de l'industrie, par
les débouchés ouverts au commerce. Elle a un
véritable système tributaire, susceptible d'amélioration sans doute, mais qui du moins rend possible l'ordre dans les finances. L'assiette de l'impôt
direct ayant été bornée aux branches qui consti-
tuent seules la matière imposable, on peut désormais connaître au juste, ou du moins à très-peu
de chose près, quelles sont les vraies ressources
du pays. C'est un progrès immense. Ce progrès est
dû avant tout aux efforts persévérants d'un mi-

nistre aussi honnête homme que financier habile,
M. Mon. Plus d'absurde division territoriale , plus
de juridictions différentes, voire même contradic-
toires, confiées à des corps nombreux, tout à la fois
consultatifs et souverains. Les cours royales ne
sont plus présidées par des capitaines généraux.
Un alcade de village ne saurait plus être dans sa
circonscription un despote tout aussi absolu
que le Roi lui-même sur son trône. Un alguazil
n'est plus maître de vous garder ou de ne pas
vous garder en prison. C'est bien plutôt le bon
plaisir des petits tyrans subalternes que le bon
plaisir des rois, qui a été aboli dans le fait.
Les municipalités (*ayuntamientos*), ces corps éminemment populaires dont la puissance a toujours
été si grande en Espagne, ont été restreintes dans
leurs attributions, naguère à peu près souverai-
nes, à de justes limites : aussi chaque bourg
n'est-il plus, comme autrefois, une petite répu-
blique, indépendante sous bien des rapports du
pouvoir central. Il en a été de même pour les
députations provinciales, sorte d'assemblées sou-
veraines à leur tour, élues par le peuple ainsi que

les municipalités, et exerçant de haut, au nom
de ce même peuple, et à l'ombre d'un monarque absolu, une véritable oligarchie. C'est
encore par un ministre d'un talent incontesté,
joint à une probité devenue proverbiale en Espagne, M. le marquis de Pidal, qu'ont été jetées,
sous l'administration féconde du maréchal Narvaez,
les bases d'une forte centralisation, poussée peut-
être trop loin dans le principe, mais dont on va
peu à peu modérant les excès [1]. On regrette que
l'instruction publique ne soit pas encore l'objet
d'une loi, mais du moins l'enseignement des
écoles n'est plus comme autrefois, grâces encore
à M. de Pidal, quelque chose d'incompréhensible
et d'anarchique au premier chef. On n'étudie
plus la philosophie incroyable de Gudin et de Gue-
vara, concluant, au nom de la logique, guidée par
le témoignage des yeux, à l'immobilité absolue de la
terre au centre de l'univers. C'est là la doctrine

---

[1] Depuis que ces lignes ont été écrites, toutes ces sages réformes et bien d'autres ont fait place pour le moment aux vieux
systèmes empruntés à la centralisation féodale. C'est purement
et simplement rétrograder de quelques siècles, — nouveau
bienfait que le pays aura dû aux hommes dits *du progrès*.

qui nous a été enseignée par les moines domini-
cains de Saint-Thomas, à Madrid, dans notre
jeune âge, et cependant les années n'ont pas
encore blanchi nos cheveux. Le professorat est
devenu une carrière aussi lucrative qu'elle est honorable. Certes la marine espagnole est loin encore
de tenir le rang qui lui appartient; mais si l'im-
pulsion qu'elle a reçue pendant ces dix années
dernières n'est pas arrêtée, elle ne tardera certai-
nement pas à se relever. C'est pour l'Espagne une
question de vie ou de mort.

Quant aux travaux publics d'utilité générale,
qu'il nous suffise de dire, encore une fois, qu'il en
a plus été entrepris et mené à terme, pendant
ces vingt dernières années, que durant le demi-
siècle précédent. Ceci est une question de statis-
tique très-facile à constater. Les grandes voies de
communication, les ports, les lignes télégraphiques
ont été l'objet de soins et de sacrifices auxquels
depuis longtemps on n'était plus habitué. C'est à
Madrid surtout que les progrès sous ce rapport
ont été le plus frappants. Le roi Ferdinand, se
levant aujourd'hui par un miracle de son tombeau

de l'Escurial, aurait bien de la peine à reconnaître
sa bonne ville de Madrid. Des embellissements
sans nombre , de grands quartiers bâtis sur des
terrains livrés naguère aux ronces ou encombrés
d'ignobles masures, ont donné à la capitale de
l'Espagne un aspect tout nouveau. Même aux
abords de sa royale demeure, il serait fort embar-
rassé pour guider ses pas dans les jardins char-
mants du *Campo del Moro*, dans ces rues larges et
belles qui ont succédé à l'entourage dégoûtant dont
ses regards devaient être blessés chaque fois qu'il
approchait de l'un des innombrables balcons de son
palais. L'un des plus beaux théâtres de l'Europe s'é-
lève aujourd'hui tout à côté du château, sur
l'emplacement d'un vieil édifice ruiné où nous
avons connu pendant trente ans un dépôt de dé-
combres et d'immondices. Le magnifique hôpital dit
de *la Princesse*, produit d'une souscription nationale , sera dans quelques mois l'une des gloires de
ce règne. Rien que le grand aqueduc d'*Isabelle II*,
destiné à pourvoir d'eaux abondantes Madrid et
ses alentours , dont l'aridité était passée en pro-
verbe, suffirait à lui seul pour assurer à la Reine

dont il porte le nom une immortelle renommée.
Jamais œuvre plus utile et à la fois plus grandiose
ne fut inspirée à un souverain par l'amour du bien
public. Afin que cet éloge, dont la justesse est pro-
clamée en Espagne par les hommes de tous les partis, ne semble pas outré, il faut dire que de temps
immémorial Madrid souffrait, littéralement parlant, des horreurs de la soif, pendant trois mois de
l'année. C'était, — malheureusement, c'est encore,
mais pour peu de temps maintenant et dans des
proportions bien moindres, grâces à de récents travaux hydrauliques, — c'était, disons-nous, un
spectacle affligeant que celui que présentait la
population pauvre de la ville, encombrant pendant
des heures entières les abords des fontaines à
peu près desséchées, sous un soleil de plomb,
ou durant ces nuits ardentes de la canicule qu'un
peu de brise vient rarement rafraîchir, — le tout,
hélas! pour ne puiser à force de patience, quand
ce n'était à la force du poignet, qu'un peu d'eau,
souvent insalubre, suffisant à peine aux besoins
les plus pressants des familles. La disparition,
aujourd'hui assurée, de ce *fléau de la soif*, dont il

est difficile de se faire une idée sans en avoir vu les
tristes détails, est un bienfait qui doit lier à jamais
l'affection reconnaissante du peuple de Madrid au
souvenir de la Reine Isabelle.

XI

Nous venons d'esquisser au courant de la plume
la physionomie morale de la Reine d'Espagne. Ce
n'est certes pas un portrait achevé que nous
offrons au lecteur : notre but n'a été autre que
de fournir quelques traits saillants, *vrais* avant
tout, aux historiens à venir. Nous avons de même
rappelé quelques-uns des faits les plus marquants
de ce règne, encore à son aurore, auquel pourtant
une si large place est déjà à cette heure assurée
dans l'histoire, et par les désastres dont le fatal
héritage lui fut légué par d'autres règnes, et par
les heureuses conquêtes dont il a doté le pays, au
milieu d'agitations trop semblables les unes aux
autres pour qu'on ne leur trouve pas au premier
coup d'œil un air de famille. On dirait des scènes
détachées d'un drame assez monotone, qu'on répète,

mais dont on n'ose pas encore aborder le dénoûment. Au moment même où nous écrivons ces
lignes, il se passe en Espagne des événements
étranges dont il ne nous est pas encore donné de
prévoir l'issue. Serait-ce que le dénoûment approche ? Espérons du moins qu'il sera heureux ,
comme disent les bonnes gens : ce n'est pas le temps
qui aura manqué aux acteurs pour bien jouer leurs
rôles : voilà bientôt vingt ans qu'ils sont à les
répéter ! Disons encore que dans ces graves conjonc-
tures, signalées, comme d'habitude, par l'exil d'une
haute influence, l'attitude de la Reine Isabelle a été
admirable de sagesse et de dignité. Sans contrarier
le moins du monde ce qu'on lui dit être la volonté
nationale, allant même au devant de cette volonté
en tant qu'elle lui est réellement connue, confiante
dans son droit et dans l'amour du pays, elle se tient,
dit-on , dans sa résidence royale du Pardo , aussi
à l'écart que possible du mouvement passionné qui
entraîne les puissances du jour. Elle attend sans
doute qu'on veuille bien lui donner le fin mot de
la *situation*, énigme assez embrouillée, à vrai dire, et
pour elle et pour quiconque n'est pas dans le secret

de la pièce. Quel qu'il soit, et en attendant qu'il nous soit dévoilé, ce qui ne peut manquer d'arriver bientôt, vu que le public commence à s'impatienter et qu'il semble assez disposé, si cela dure, à siffler la troupe, nous nous bornerons pour notre part à pousser préventivement le cri célèbre de M. Olozaga dans une circonstance analogue : *Que Dieu sauve la Reine !* Hors de là, nous craignons bien qu'il n'y ait de salut possible, ni pour le pays, ni pour ceux - là même qui rêveraient peut-être des combinaisons insensées, plus insensées encore en Espagne que partout ailleurs....

Notre tâche de biographe contemporain est remplie. C'est aux pamphlétaires éhontés à jeter des teintes noires sur les couleurs vraies dont nous nous sommes servis ; c'est aux flatteurs salariés à renchérir sur les appréciations courtoises, mais justes ,—nous le croyons du moins,—que nous a inspirées l'amour de la vérité joint au respect toujours dû aux chefs suprêmes des États. Il ne nous reste plus qu'à faire des vœux bien sincères, — les vœux d'un Espagnol aimant sa patrie comme l'on aime sa mère alors qu'on la voit souffrante, —

pour le bonheur d'un pays dont la loyauté et les efforts héroïques ont assuré un trône à sa Reine; et pour le bonheur d'une Reine qui, bien jeune encore, compte déjà de si beaux titres à l'amour et à la reconnaissance de son pays.

Madrid, Octobre 1854.

Paris.—Imprimé chez Bonaventure et Ducessois, 55, quai des Augustins.